Krypto-Währungen: Erscheinungsformen und Marktpotenziale

Ole Wegeleben

Bibliografische Information der Deutschen Nationalbibliothek:

Die Deutsche Nationalbibliothek verzeichnet diese Publikation in der Deutschen Nationalbibliografie; detaillierte bibliografische Daten sind im Internet über http://dnb.d-nb.de abrufbar.

ISBN: 9783346482846
Dieses Buch ist auch als E-Book erhältlich.

© GRIN Publishing GmbH
Nymphenburger Straße 86
80636 München

Druck und Bindung: Books on Demand GmbH, Norderstedt Germany
Gedruckt auf säurefreiem Papier aus verantwortungsvollen Quellen

Das Buch bei GRIN: https://www.grin.com/document/1119339

Hausarbeit

Krypto-Währungen: Erscheinungsformen und Marktpotenziale

Inhaltsverzeichnis

Abbildungsverzeichnis

Abkürzungsverzeichnis

1 Thematische Einführung und Zielsetzung

Mit dem Bitcoin wurde das Konzept von Kryptowährungen als ersten im Jahre 2008 durch das Erscheinen eines Dokuments des Autor Satoshi Nakamoto vorgestellt. Damit gilt Bitcoin als erste Kryptowährung, dessen Ziel es ist digitale Transaktionen unabhängig von zentralen Behörden durchführbar zu machen (Härdle et al., 2020). Die Aktualität des Themas lässt sich dabei am Forschungsinteresse widerspiegeln. Die Anzahl an Publikationen unter dem Stichwort „*Cryptocurrency*" steigt vor allem seit 2018 steil an. Die steigende Zahl an Publikationen liegt zunächst einmal an der Neuartigkeit der Thematik und dem damit verbundenen Forschungsbedarf (Giudici et al., 2020). Außerdem sorgt auch eine Fülle von frei verfügbaren Daten, die für empirische Untersuchungen durch die transparente Blockchain-Technologie zur Verfügung stehen, für starken Zuwachs an wissenschaftlichen Publikationen (Härdle et al., 2020). Auf der anderen Seite erhalten Kryptowährungen ebenfalls durch vermehrte mediale Berichterstattungen an Bedeutung. Dabei sorgt das Polarisieren der Nachrichten zu Kryptowährungen zunehmend für Verwirrungen hinsichtlich des tatsächlichen Wertes der disruptiven Technologie. Eine zunehmende wissenschaftliche Betrachtung der Thematik ist daher von Nöten, um Erkenntnisse über die disruptive Technologie zu generieren.

Bei der Betrachtung der vorhandenen Literatur zum Thema Kryptowährung fällt auf, dass trotz vorhandener Übersichtsliteratur (Berentsen & Schar, 2018; Giudici et al., 2020; Härdle et al., 2020) keine holistische Darstellung der verschiedenen Erscheinungsformen und Marktpotenziale von Kryptowährungen existiert. Vielmehr stellen Giudici & Milne (2020) fest, dass in der Literatur Uneinigkeit darüber herrscht, ob Kryptowährungen als Rohstoff, Geld oder etwas ganz anderes klassifiziert werden sollte. Es lässt sich daher beobachten, dass sich Publikationen zumeist auf einzelne Anwendungsbeispiele von Kryptowährungen oder vereinzelte Derivate, wie dem Bitcoin, fokussieren (Wu et al., 2018). Ziel der vorliegenden Arbeit soll es daher sein einen Überblick über die verschiedenen Erscheinungsformen (Klassifikationen) von Kryptowährungen aus der vorhandenen Literatur zu extrahieren. Außerdem soll das Marktpotenzial der disruptiven Technologie betrachtete werden, in dem Adaptationsmechanismen und Hürden aufgezeigt werden. Um den Rahmen der Arbeit nicht zu übersteigen wird auf die ausführliche Darstellung technischer Grundlagen verzichtet sowie auf eine tiefergehende Darstellung der zugrundeliegenden Blockchain-Technologie.

2 Begriffsdefinitionen

Zunächst gilt es die zentralen Konzepte und Begriffe zum Thema Kryptowährungen zu erläutern, um ein einheitliches Verständnis der Terminologie zu gewährleisten. Zu diesem Zweck wird mit der Fixierung eine Definition von Kryptowährungen begonnen. Anschließend wird das Konzept dezentraler Systeme erläutert. Abgeschlossen wird mit einer kurzen Beschreibung von Smart Contracts, da diese eine entscheidende Rolle für die Funktionalitäten von Kryptowährungen darstellen.

2.1 Kryptowährungen

Härdle et al. (2020) beschreiben Kryptowährungen als *„digitalen Vermögenswert, der distributed ledger- oder Blockchain Technologie verwendet, um sichere Transaktionen zu ermöglichen* (s. 1). Die Autoren beschreiben Kryptowährungen somit als online Tauschmittel, welches für sichere und digitale Transaktionen verwendet werden kann. Die Transaktionssicherheit wird dabei mittels kryptografischer Verfahren sichergestellt, sodass keine Drittparteien (z.B. Banken) benötigt werden, um diese durchführen zu können (Härdle et al., 2020). Als technologische Basis von Kryptowährungen wird dabei die Blockchain-Technologie angeführt, welche basierend auf Algorithmen aufgesetzt ist. Redundante Information werden dabei in sogenannten Blöcken gespeichert und jedem Netzwerkteilnehmer zur Verfügung gestellt, wodurch eine transparente Nachverfolgung aller Aktivitäten gegeben ist (Zīle & Strazdiņa, 2018). Nach Satoshi Nakamoto (2008), welcher mit seiner Veröffentlichung als Gründer von Kryptowährungen gilt, lassen sich diese als digitales Tauschmittel verstehen, womit sowohl Geld als auch andere finanzielle Vermögenswerte gehandelt werden können. Eine weitere Definition liefern wiederum Giudici et al. (2020) welche Kryptowährung lediglich als Teil einer breiteren Klasse von Finanzanlagen definieren.

Auffallend ist daher, dass keine einheitliche Definition identifiziert worden konnte, was an der Vielzahl an unterschiedlichen Anwendungsmöglichkeiten und damit einhergehenden Betrachtungsweisen von Kryptowährungen liegen könnte (Härdle et al., 2020). Aus diesem Grund werden folgend fünf Merkmale aus den zuvor dargestellten Quellen synthetisiert, welche die wichtigsten Merkmale von Kryptowährungen fixieren. Demnach lassen sich Kryptowährungen definieren als 1) **online Tauschmittel**, welches durch 2) **Kryptographie** zumeist auf einer 3) **Blockchain-Technologie** aufsetzt und mittels 4) **Algorithmen gesteuert** wird. Transaktionen können dabei von Person zu Person (Peer-to-Peer) durchgeführt werden, was durch die Verwendung eines 5) **dezentralen Systems** ermöglicht wird.

2.2 Dezentralisierte Systeme

Im Kontext von Transaktionen lassen sich dezentrale Systeme durch das Fehlen von Mittels-männer charakterisieren, welche üblicherweise die Vermittlungsrolle zwischen zweier Parteien ausüben und hierfür in der Regel direkt oder indirekt monetär vergütete werden (Berentsen & Schar, 2018). Bei online Überweisungen etwa prüft eine Bank den Kontostand der zahlenden Partei und sendet einen Geldbetrag an das Geldinstitut des Empfängers. Erhält dieser eine positive Rückmeldung über die Liquidität durch den Finanzdienstleisters, kann die Transaktion abgewickelt werden. Beide Parteien vertrauen in diesem Modell einer Drittpartei sowohl die Verwahrung des Geldes als auch die Abwicklung einer Transaktion an (Berentsen & Schar, 2018). Die Drittpartei ist demnach also notwendig um Vertrauen zwischen den Akteuren her-zustellen.

Dezentrale Systeme, welche auf Blockchain Systeme aufsetzten, nutzen automatisierte Ab-laufe (Algorithmen) um diese Drittpartei zu ersetzten (Wu et al., 2018). Alle Informationen wer-den dabei in Blöcken gespeichert und Transparenz allen Netzwerkteilnehmern zur Verfügung gestellt. Die Blöcke stellen dabei eine Kopie der vorherigen Transaktionen dar und werden mittels kryptographischer Verfahren verschlüsselt, sodass ein Manipulation der Inhalte als un-wahrscheinlich gilt (Härdle et al., 2020).

Somit lässt sich zusammenfassen, dass dezentralisierte Systeme im Transaktionskontext die Vertrauensfunktion mittels technischer Lösungen an die Netzwerkteilnehmer auslagern. Durch das Fehlen einer Drittpartei lassen sich so idealerweise schnellere, sichere und kostengünsti-gere Transaktionen realisieren (Giudici et al., 2020).

2.3 Smart Contracts

Auf Blockchains lassen sich kleine Computerprogramme (sogenannte Smart Contracts) imple-mentieren. Smart Contracts lassen sich als digitale Verträge verstehen, die sich selbstständig ausführen, sobald vordefinierte Kriterien erfüllt werden (Berentsen & Schar, 2018). Zusätzli-chen Nutzen zu herkömmlichen Verträgen ergeben sich vor allem durch die selbstständige Ausführung dieser Verträge. Die Anwendungsvielfalt ist demnach lediglich durch die Program-mierbarkeit und Erfassung der zu erfüllenden Bedingungen beschränkt. Da Smart Contracts auf Blockchain-Systeme aufgesetzt sind, werden für die Steuerung kryptographische Mecha-nismen eingesetzt, um Vertrauen herzustellen (Grover et al., 2019). Die Nutzung von Smart Contracts stellt insofern hohe Anforderungen an die Programmierung der Programme, da Probleme durch falsch programmierte Contracts aufgrund der Dezentralisierung schwer zu lö-sen sind. Die Verständlichkeit, Rigidität und Dezentralisierung von Smart Contracts gelten daher als größte Herausforderungen bei dessen Anwendung (Cuccuru, 2017). Andererseits steigen die Anwendungsmöglichkeiten von Kryptowährungen durch Smart Contracts enorm an. Diese erlauben es im direkten Vergleich zu FIAT-Währungen ein Zahlungsmittel zu ermöglichen, dessen Währung programmierbar und flexibel auf diverse Bereiche angewendet werden kann (Härdle et al., 2020). Ethereum gilt dabei als umfangreichste Blockchain, auf der Kryptowährungen mit Smart Contracts angewendet werden (Ghosh et al., 2020).

3 Erscheinungsformen

In der einschlägigen Literatur und online Quellen zeigt sich hinsichtlich der Klassifikation von Kryptowährungen kein einheitlichen Bild (Berentsen & Schar, 2018; Härdle et al., 2020; Prinz, 2020). Eine Mehrheit der vorhandenen Quellen führt entweder keinerlei Klassifikation auf, sondern betrachten Kryptowährungen vielmehr isolierten z.B. als Investitionsmittel (Mnif et al., 2020). Andere Publikationen fokussieren sich lediglich auf einzelne Derivate von Kryptowährungen, vor allem dem Bitcoin (Berentsen & Schar, 2018).

Die Notwendigkeit Kryptowährungen hinsichtlich dessen Erscheinungsform zu differenzieren ergibt sich aus der Vielzahl an technischen Nuancen (Härdle et al., 2020). Durch die Kombination verschiedener technischer Merkmale unterscheiden sich Kryptwährungen teilweise sehr stark in dessen Anwendungsgebieten, weshalb eine Differenzierung unabdingbar ist. Aus der Literatur lassen sich vor allem vier solche technischen Unterschiede identifizieren, die eine Erklärung für die Diversität am Krypto-Markt darstellen könnten.

Ein erster liegt im Aufbau des Vertrauens in die jeweiligen Krypto-Protokolle begründet, den sogenannten **Konsensmechanismen**. Aufgrund der Dezentralisierung bedarf es eines automatisierten Ablaufes, welcher entscheidet, ob Nutzer legitimes Handeln ausführen oder nicht. Die gängigsten Mechanismen sind dabei der Proof-of-Stake, Proof-of-Activity und Proof-of-Work, wobei letzterer am meisten Anwendung findet (Zīle & Strazdiņa, 2018).

Ein zweiter technischer Unterschied liegt in der Generierung der Währung selbst begründet, dem **Miningsystem**. Dieser entscheidet darüber, wie die Kryptowährung neue Währungen in das System etabliert. Dabei lässt sich grundsätzlich zwischen inflationären und deflationären Miningsystemen unterschieden. Bei inflationären Systemen steigt die Gesamtmenge der sich im Umlauf befindlichen Währungseinheiten im Zeitverlauf an. Deflationäre Systeme hingegen starten zumeist mit einer Gesamtmenge bzw. setzten ein Obergrenze im Vorhinein fest (Härdle et al., 2020). Durch den Einfluss auf die Verknappung von Einheiten kann das Miningsystem daher einen starken Einfluss auf den Preis von Kryptowährungen haben.

Ein dritter Unterschied lässt sich in den **Währungsformen** sehen, die sich in Coins und Token unterteilen lassen. Während Coins als eigenständige Kryptowährung verstanden werden können, dessen Nutzen keine andere Plattform erfordert, werden Token hingegen als Währung auf einer speziellen Plattform/Protokoll verwendet (Blockchainwelt, 2019). Coins und Token lassen sich in einer Analogie somit als Geld (Coins) und Gutscheinen für eine spezifische Leistung (Token) beschreiben. Gerade die Unterscheidung von Coins und Token hat daher für die praktische Anwendung von Kryptowährung einen starken Einfluss. Während die zuvor genannten Bestandteile wichtige Differenzierungsmerkmale bei Kryptowährungen darstellen, lassen sich darüber hinaus weitere technische Nuancen aufführen (vgl. Gurguc & Knottenbelt, 2018), dessen Darstellung jedoch außerhalb der Zielsetzung dieser Arbeit liegt.

Aufgrund der zuvor geschilderten technischen Unterschiede ergeben sich aus der Kombination einzelner Features eine Reihe von denkbarer Anwendungsmöglichkeit für die Praxis, die sich vor allem im Grad der Spezifizierung deutlich unterscheiden. Während der Bitcoin etwa als alternative Zahlungsquelle in direkter Konkurrenz zu üblichen FIAT-Währungen wie dem Dollar oder dem Euro steht, existieren gleichzeitig auch kleinere Nischen-Kryptowährungen, die nur einen kleinen abgegrenzten Einsatzzweck zu erfüllen suchen (Prinz, 2020). Mit der steigenden Popularität von Kryptowährungen traten in der Vergangenheit so eine Vielzahl größerer und kleineren Kryptowährungen durch sogenannter Initial Coin Offerings (ICO) an die Öffentlichkeit. ICOs stellen dabei eine digitalisierte Form der Unternehmensfinanzierung dar. Dabei können Investoren, analog zu Unternehmensanteilen (Aktien), sogenannte Token oder Coins eines Krypto-Projektes erwerben. Anders als bei Aktien sichern diese jedoch keinen Anteil an dem Unternehmen oder Startup, sondern fungieren vielmehr als späteres Zahlungsmittel einer Plattform. Der Vorteil von ICOs aus Herausgebersicht liegt dabei vor allem an der großen Reichweite mit der potentielle Investoren erreicht werden können (Hahn & Wons, 2018). So lässt sich auch die hohe Anzahl an vorhandenen Kryptowährungen am Markt erklären. Auf der größten Handelsplattform für Kryptowährungen Coinmarketcap.com etwa konnte Ende 2020 bereits circa 7000 verschiedene Kryptowährungen gehandelt werden (CoinMarketCap, 2020).

Um die verschiedenen Erscheinungsformen von Kryptowährungen aufzeigen zu können bedarf es aufgrund des Fehlens einheitlicher Klassifikationen daher der Synthese dieser aus verschiedenen Quellen. In der Literatur variiert dabei die Darstellung der Anzahl an Klassifikationen von drei (Giudici et al., 2020) bis hin zu acht Klassen mit jeweiligen Unterkategorien (Härdle et al., 2020). Als Ergebnis einer Literaturrecherche werden im Rahmen dieser Arbeit drei losgelöste Oberkategorien für Kryptowährungen vorgeschlagen, die in Abbildung 1 zusammengetragen sind.

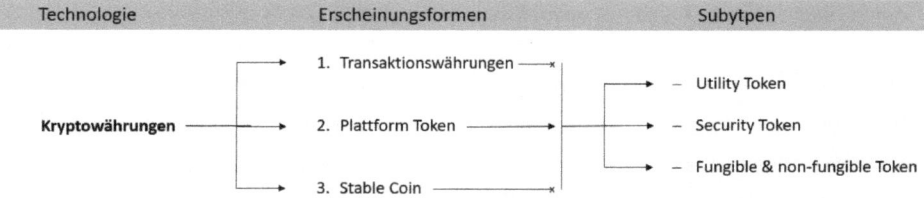

Abbildung 1: Klassifikationen von Kryptowährungen

(Quelle: Eigene Darstellung)

Transaktionswährung

Die erste Klassifikation von Kryptowährungen bezieht sich auf Kryptowährungen als Bezahl-mittel. Hier werden alle Kryptowährungen zusammengefasst, die sich als unmittelbares Zah-lungsmittel definieren. Bekanntestes Beispiel ist der Bitcoin, welcher in direkter Konkurrenz zu FIAT-Währungen (z.B. Euro) zu sehen ist. Giudici & Milne (2020) verweisen auf die geringen Transaktionskosten, eine hohe Sicherheit und schnelle Transaktionsverarbeitung als Differn-zierungsmerkmal von Kryptowährungen. Der Unterschied von Krypto-Transaktionswährungen liegt dabei jedoch vor allem in der Dezentralität der Währung, welches eine Einflussnahme von staatlichen Instituten wie Zentralbanken verhindert (Berentsen & Schar, 2018). In dem Sinne können solche Kryptowährungen als dezentralisierte autonome Organisationen betrachtet werden, dessen Ablauf einer transparenten Einhaltung von zuvor definierten Regeln (Algorith-men) entspricht. Giudici & Milne (2020) beschreiben Transaktionswährungen daher als FIAT-Währungen mit dem Unterschied, dass diese auf einer Blockchain-Technologie beruhen, was einen direkten Austausch zwischen einzelnen Teilnehmern erlaubt (dezentrales Netzwerk). Härdle & Harvey (2020) weisen darauf hin, dass diese Art von Kryptowährungen eine inhärente Gefahr für Währungsbehörden (wie der FED oder EZB) darstellen, da sich mit diesen den regulatorischen Maßnahmen von Staaten entzogen werden kann. Praktisch bedeutet dies, dass Kryptowährungen etwa von Inflation staatlich regulierter Währungen oder der Zinspolitik unbeeinflusst bleiben könnten.

Plattform Token

Plattformtoken werden auch als programmierbares Geld bezeichnet, da dessen Einsatzzwe-cke zumeist den von klassischen Währungen übersteigt. In Abgrenzung zu (Krypto-)Transak-tionswährungen erlauben Plattform Token durch die Verwendung von Smart Contracts erwei-terte Funktionalitäten (Giudici et al., 2020). Giudici et al. (2020) beschreiben Plattform Token daher als *„ein Vermögenswert auf einer Blockchain, der gegen einige vorher festgelegte Produkte oder Dienstleistungen eingelöst werden kann oder Zugang zu diesen gewährt"* (S.4). Plattform Token ermöglichen somit den Zugang zu Services innerhalb einer spezifischen Plattform und fungieren dort als Zahlungs- oder Transaktionsmittel. Da Token als Währung für jede denkbare Art von Programmen fungieren können, eröffnen diese diverseste Anwendungsmöglichkeiten. Innerhalb der Klasse von Plattform Token können dabei mindestens drei weitere Typen identifiziert werden. Mit a) **Utility Token** erhalten Nutzer Zugriff auf bestimmte Produkte oder Dienstleistungen eines Anbieters (Härdle et al., 2020). Bei FileCoin etwa erhält ein Nutzer Zugriff auf einen CloudSpeicher, der gegen Bezahlung mit dem Utility Token genutzt werden kann (Prinz, 2020). Sogenannte b) **Security Token** hingegen sind das digitale Pendant zu Wertpapieren und repräsentieren somit Aktien, Derivaten Anleihen und andere finanzielle Vermögensgegenstände in Form einer Kryptowährung. Der Unterschied zu herkömmlichen Wertpapieren liegt demnach in der Ausgabeform. Der letzte Typ sind die c) **fungible und non-fungible Token** (NFTs). Bei diesem Typ werden Token hinsichtlich ihrer Austauschbarkeit differenziert. Fungible Token lassen sich gegen jeden beliebigen anderen Token der gleichen Währung ersetzten. Anders hingegen verhält es sich bei non-fungible Token, wo der Wert eines jeden Token individuell und somit keine Austauschbarkeit gegeben ist (Härdle et al., 2020). Anwendungsbeispiele sind etwa digitale Besitztümer von Sammlerstücken. So lässt sich zum Beispiel transparent die Anzahl und Identität eines Sammlerstückes mittels non-fungibler Token nachvollziehen.

Stable Coin

Die letzte Klasse bezieht sich auf Kryptowährungen, dessen Wert durch andere Vermögenswerte abgesichert ist. Damit stellen Stable Coins vor allem eine Alternative für Kryptowährungen mit hoher Volatilität dar. Aufgrund der Absicherung dieser Kryptowährungen mit stabileren Vermögenswerten wie etwa Währungen, Aktien oder Anleihen bietet sich diese Kryptowährung als Alternative zu den zuvor geschilderten Transaktionswährungen an. Da die Absicherung dieser Kryptowährungen jedoch einen hohen administrativen Aufwand bedarf, steht diese Klasse in der Kritik die gewünschte Dezentralität der Blockchain Anwendungen nicht erfüllen zu können. Ein Beispiel hierfür ist Facebooks angekündigter StableCoin Libra, dessen Architektur ein zentralisiertes System mit 28 Firmen als Transaktionsvalidier vorsieht (Taskinsoy, 2019).

4 Marktpotenzial

Die summierte Marktkapitalisierung der drei größten Kryptowährungen (Bitcoin, Ethereum und Binance Coin) lag im Februar 2021 bei rund 1,3 Billionen US-Dollar (CoinMarketCap, 2021). Zum Vergleich, das nach Marktkapitalisierung am höchsten bewertete börsennotierte Unternehmen Apple liegt im selben Zeitraum alleine bei einem Wert von 1,8 Billionen US-Dollar (finanzen.net, 2021). Nichtsdestotrotz lassen sich hinsichtlich einzelner Kryptowährungen hohe Wachstumszahlen beobachten, welche jedoch von starker Volatilität begleitet werden (Colon et al., 2020). Während in der Anfangsphase noch ein Großteil der Kryptowährungen in den Wallets privater Anleger steckten, lassen sich neuste Kursentwicklungen am Krypto-Markt vor allem auch durch Investitionen institutioneller Anleger begründen (Phiromswad et al., 2021). Der Autobauer Tesla etwa sorgte mit der Nachricht 1,5 Milliarden US-Dollar des vorhandenen Barvermögens in Bitcoin zu investieren zeitweise für einen signifikanten Kursanstieg der Währung (tagesschau, 2021).

Da sich ein Großteil der Anwendungsmöglichkeit von Kryptowährungen bislang noch nicht am Markt durchgesetzt haben (Albayati et al., 2020), stellt sich unmittelbar die Frage nach dem zukünftigen Nutzen der disruptiven Technologie. Im Folgenden soll daher das Marktpotenzial von Kryptowährungen betrachtet werden. Anschließend soll sich der Adaptation von Kryptowährungen mithilfe empirischer Evidenzen einzelner Faktoren des Technologie Acceptance Models (TAM) angenähert werden, um die Marktdurchdringung der disruptiven Technologie besser abschätzen zu können.

4.1 Marktpotenzialformel

Das Marktpotenzial errechnet sich nach der Marktpotenzialformel aus drei Variablen, (1) der Anzahl an potenziellen Nutzern, (2) die potenziellen Mengen/Einheiten und (3) der Preis pro Einheit (Reisinger et al., 2013). Wollte man das Marktpotenzial von Kryptowährungen anhand der Marktpotenzialformel berechnen, so stellen sich mehrere Schwierigkeiten ein.

Albayati et al. (2020) weisen in Ihrer Marktanalyse etwa darauf hin, dass Kryptowährungen noch **keinerlei Marktdurchdringung** erfahren haben, was an der geringen Akzeptanz der Technologie bei den Konsumenten liegt. Auch hinsichtlich des **intrinsischen Wertes** von Kryptowährungen wird in der Literatur diskutiert (Giudici et al., 2020; Härdle et al., 2020; Zīle & Strazdiņa, 2018). Gründe, die für einen inneren Wert von Kryptowährungen herangezogen werden sind die geringere Transaktionskosten, Privatsphäre, Sicherheit (Giudici et al., 2020), die Produktionskosten (i.S.v. Stromkosten für das Mining) (Hayes, 2017) sowie die Tauschbarkeit in FIAT-Währungen, die Akzeptanz als Zahlungsmittel und Gewinnerwartungen von

Investoren (Bolt & van Oordt, 2020). Andere Autoren hingegen beschreiben Kryptowährungen als Finanzblase ohne intrinsischen Wert, dessen derzeitige Marktkapitalisierung lediglich auf die kurzfristigen Gewinne oder einem Herdenverhalten zurückzuführen ist (Kyriazis et al., 2020; Phillips & Gorse, 2018).

Für die Betrachtung des Marktpotenzials lässt sich die Verwendung der Marktpotenzialformel zum derzeitigen Marktreifegrad daher als eher ungeeignet einstufen. Da der Wert von Kryptowährungen mit dem zukünftigen tatsächlichen Nutzen der Technologie zusammenhängt, wird im Folgenden stattdessen auf die Anwendungsmöglichkeiten in der Praxis eingegangen.

4.2 Anwendungsbereiche

Auch hinsichtlich der Anwendungsmöglichkeiten herrscht in der Literatur noch keinerlei Einigkeit. Giudici et al. (2020) weisen darauf hin, dass es [...] *noch wenig eindeutig wissenschaftlich fundierte Erkenntnisse über die Märkte für Kryptowährungen [gibt] (S.2).* Insofern bedarf es bei der Darstellung der verschiedenen Anwendungsmöglichkeiten der Synthese verschiedener Quellen. Die Auflistung in Abbildung 2 ist ein Versuch die Anwendungsbereiche von Kryptowährungen möglichst überschneidungsfrei und umfassend zusammenzutragen. Nichtsdestotrotz kann diese Aufstellung keine erschöpfende Darstellung der Vielzahl an Anwendungsmöglichkeiten darstellen. Es ist außerdem zu beachten, dass die Anwendungen von Kryptowährungen aufgrund der technischen Grundlage einen großen überschneidungsraum mit dem der Blockchain-Technologie aufweist (Zīle & Strazdiņa, 2018). Aus der Literatur wurden insgesamt fünf Klassifizierungen definiert, welche im Folgenden beschrieben werden.

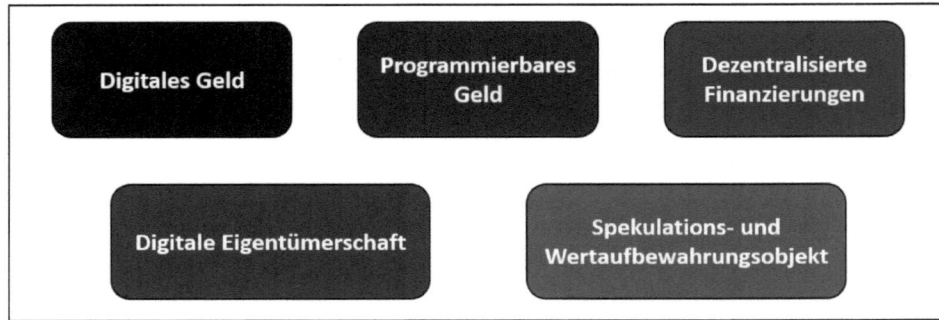

Abbildung 2: Ausgewählte Anwendungsbereiche von Kryptowährungen
(Quelle: Eigene Darstellung)

Digitales Geld

Als erstes Anwendungsgebiet lassen sich online Bezahlungen nennen. Betrachtet man Kryptowährungen als digitales Geld, welches universell als Transaktionswährungen eingesetzt werden kann, erscheint der Vergleich zu online Varianten von FIAT-Währungen als naheliegend. Insgesamt lässt sich ein größerer potenzieller Nutzerkreis bei Kryptowährungen gegenüber FIAT-Währungen vermuten, der jedoch nicht überschneidungsfrei ist. Bei der Nutzung von digitalem Geld (wie dem Euro) wird ein Bankkonto vorausgesetzt mit dem Transaktionen, etwa über Banken oder Dienstleister, abgewickelt werden. Nach Zahlen der World Bank (2020) besitzen jedoch knapp 1,7 Milliarden erwachsene Menschen kein Bankaccount und sind damit von Finanzsystem abgeschnitten. Für die Verwendung von Kryptowährung hingegen wird lediglich ein internetfähiges Endgerät (z.B. Smartphone) benötigt (Härdle et al., 2020). Das Volumen bargeldloser Transaktionen lag nach Schätzungen im Jahr 2020 bei rund 778 Milliarden weltweit (World Payments Report, 2020). Als Differenzierungsmerkmal für Kryptowährungen wird in der Literatur die geringen Kosten und Schnelligkeit von Transaktionen herangeführt (Berentsen & Schar, 2018; Grover et al., 2019). Hier ist jedoch kritisch anzuführen, dass mit Dienstleistern wie Paypal und Transferwise bereits entsprechende Lösungen am Markt existieren, um günstige und Echtzeit-Überweisungen realisieren zu können (Giudici et al., 2020). Ein letztes Differenzierungsmerkmal von Kryptowährungen gegenüber FIAT-Währungen wird ebenfalls in der Anonymität von Bezahlungen gesehen (Härdle et al., 2020). Ein Alleinstellungsmerkmal könnten Kryptowährungen daher für solche Kunden darstellen, die einen hohen Wert auf Privatsphäre legen. Aufgrund des geringen Reifegrades der Technologie kann eine zukünftige staatliche Regulierung, welche eine Offenlegung von Zahlungen verfügt, jedoch nicht ausgeschlossen werden.

Als Alternative im bargeldlosen Zahlungsverkehr kann Kryptowährungen demnach als ein Milliardenmarkt gesehen werden, in dem gerade Kunden ohne Anbindung zum Finanzsystem Anbindung erhalten. Es gilt jedoch zu beachten, dass der inkrementelle Wert von Kryptowährungen gegenüber bestehenden Lösungen durch drohende staatliche Regulierungen als fragil einzustufen ist.

Programmierbares Geld

Überall dort wo Transaktionen zwischen zwei Parteien getätigt werden und es einen Mittelsmann gibt, welcher für seine Tätigkeit vergütete wird, lässt sich grundsätzlich das Potenzial programmierbarer Kryptowährungen realisieren. Dies liegt daran, dass mithilfe von Kryptowährungen und Smart Contracts die Informationsasymmetrie zwischen zwei Parteien durch die Verwendung von Blockchain-Technologie gelöst werden kann (Gurguc & Knottenbelt, 2018).

Übliche Aufgaben von Intermediären, die durch Kryptowährungen und Blockchains übernommen werden, umfassen etwa die Verbindungen zwischen Akteuren oder das Aushandeln von Verträge sowie die Überprüfung dessen Einhaltung (Chen & Bellavitis, 2020). Es bedarf daher keiner Vergütung einer Drittpartei mehr, welche diese Funktion innehat. Das Potenzial programmierbaren Geldes ist dabei nicht nur auf einzelne Industriezweige beschränkt, sondern kann vielmehr für nahezu jedes Produkt- oder Dienstleistungsunternehmens als vorteilhaft gesehen werden (Zīle & Strazdiņa, 2018). Eine Einschränkung hinsichtlich der Anwendungsgebiete ist jedoch, dass die einzelnen Kriterien einer Transaktion quantifizierbar und programmierbar sein müssen (Härdle et al., 2020). Die Lieferung eines Dienstleisters etwa lässt sich mittels Wareneingangssystems einfach digitalisieren, wodurch eine Zahlung mittels Smart Contract unmittelbar ausgeführt werden kann. Auf der anderen Seite lässt sich die Erfüllung einer Handwerksleistung (z.B. Aufbau einer Küche) nur schwerlich digital überwachen. Zile & Strazdina (2018) weisen außerdem darauf hin, dass auch technische Schwierigkeiten wie etwa die Netzwerkintegration, die Erreichung eines Konsenses zwischen den Parteien sowie die Sicherheit der kryptographischen Algorithmen die Anwendung programmierbaren Geldes erschwert.

Es ist daher naheliegend anzunehmen, dass sich Kryptowährungen in Form programmierbaren Geldes vor allem dort durchsetzen könnten, wo dessen a) Implementierung gut zu realisieren, b) die Kosten des Mittelsmannes hoch und c) die Vertragsbedingungen gut zu programmieren und überwachen sind.

Dezentralisierte Finanzierungen

Kryptowährungen haben außerdem das Potenzial die Geschäftsmodelle in der Finanzindustrie zu verändern. Durch die direkte Vernetzung der Parteien (Peer-to-peer) und der Lösung des Vertrauensproblems lassen sich so Finanztransaktionen wie Kreditvergaben, Forderungen aus Leistungen, Umschuldungen oder Tauschgeschäfte auf Krypto-Plattformen umsetzen, ohne hierfür ein Finanzinstitut bezahlen zu müssen (Chen & Bellavitis, 2020). Neben der Reduktion von Transaktionskosten durch die Eliminierung der Finanzintermediäre gilt vor allen die erhöhte Transparenz auf dezentralen Finanzmärkten (DeFi) als vorteilhaft. Während auf traditionelle Weise die Konditionen für Kredite o.ä. individuell mit dem jeweiligen Anbieter verhandelt werden müssen, welche insbesondere aufgrund undurchsichtiger Kriterien schwanken können, bergen DeFi gerade durch die Transparenz der Blockchain und vordefinierte Kriterien eine großen Vorteil für die Nachfragerseite. Der DeFi-Sektor ist daher für Kunden mit geringen Transaktionsvolumen interessant, da diese üblicherweise aufgrund der geringen Profitabilität von Finanzinstitute nicht bedient werden (Bonset, 2021). Das Marktpotenzial der DeFi beschreiben Chen & Bellavatis (2020) daher als Bewegung, die *„bestehende Industrien zerstören [kann]* (S.2).

Andererseits gilt zu bedenken, dass mit dem Aufbau dezentralisierter Finanzmärkte auch neue Herausforderungen geschaffen werden. So ist anzunehmen, dass das Ausfallrisiko im DeFi Sektor hoch ausfällt. Während auf traditionellen Finanzmärkten die Bonität bzw. das Ausfallrisiko durch Dienstleister geprüft wird, ist dies bei DeFi nicht der Fall. Auch ist zu bedenken, dass ein solcher unregulierter Bereich vor allem für Betrüger ein dankbares Spielfeld darbietet. Eine Untersuchung von Xia et al. (2020) belegt das Risiko von Betrügereien auf den Krypto-Markt, in dem eine Vielzahl betrügerischer Websites und Apps identifiziert werden konnten. Insofern stellt sich insbesondere im Finanzsektor die Frage, ob Kryptowährungen genügen Vertrauen und Akzeptanz aufbauen können, um eine weitläufige Marktdurchdringung realisieren zu können.

Digitale Eigentümerschaft

Die vierte Kategorie von Anwendungsbereichen befasst sich mit Kryptowährungen als Vermögensnachweis. Non-fungible Token (vgl. Kapitel 3) ermöglichen es einen physischen Vermögensgegenstand digital abbilden zu können. Durch die Transparenz der Blockchain-Technologie kann so die Besitzkette eines Gegenstandes digital nachvollzogen oder gar virtuell erschaffen werden (Härdle et al., 2020). Digitale Eigentumsnachweise in Form von Token sind insbesondere bei Sammlerstücken, hochpreisigen Produkten oder Gegenständen nützlich, dessen Wert von der Eigentumsreihenfolge abhängig ist. Gerade deshalb haben bereits Unternehmen wie Nike, Louis Vuitton und die NBA begonnen Produkte oder Services basierend auf non-fungible Token anzubieten (Kay, 2021). Dass es einen Markt für NFT-Token gibt, zeigen Beispiele wie etwa die Versteigerung von virtuellen Katzen des online Spiels *Cryptokitties* (für mehr als 300 Tausend Dollar) (Investopedia, 2021). Welchen Wert Konsumenten den Besitz virtueller Gegenstände in Zukunft beimessen und ob diese aus einer Nische heraus auch Akzeptanz in der breiten Öffentlichkeit finden können, bliebt dabei offen.

Spekulations- und Wertaufbewahrungsobjekt

Der letzte Anwendungsbereich ergibt sich aus dem derzeitigen finanziellen Umfeld für Privatpersonen und Unternehmen. Die Nullzinspolitik der EZB und FED hat in den vergangenen Jahren dazu geführt, dass die Zinsen für vorhandenes Vermögen gering bzw. negativ ausfallen. Zeitgleich führt die expansive Zinspolitik (Leitzinssenkung) der Notenbanken zu einer erhöhten Liquidität am Markt. Finanzinstitutionen sehen sich daher der Herausforderung gestellt die hohe Liquidität im Markt trotz negativem Einlagezinses ohne Wertverlust einsetzen zu müssen (Klose, 2020). Da in diesem Zinsumfeld das Halten von Kapital aufgrund von Inflation zu einem faktischen Werteverlust führen kann, bedarf es der Suche nach Investitionsmöglichkeiten zum Kapitalaufbau sowohl für Privatpersonen als auch für Unternehmen. Da sich auf dem Krypto-Märkten in den letzten Jahren enorme Wertsteigerungen beobachten lassen (CoinMarketCap, 2021), kann dieser als mögliche spekulative Anlageklasse und Lösung gesehen werden. Es ist daher anzunehmen, dass sich Kryptowährungen aufgrund der historischen Wertsteigerung als Spekulations- und Wertaufbewahrungsobjekt als attraktiv für Anleger darstellen. Hierfür spricht auch, dass Unternehmen und institutionelle Investoren wie Tesla, MicroStrategy und Blackrock Kryptowährungen erworben haben (Bitcointreasuries, 2021). Untersuchungen weisen ebenfalls darauf hin, dass Kryptowährungen derzeit zumeist für spekulativen Investments bezogen werden, weshalb Giudici et al. (2020) *„Kryptowährungen als finanzielle Vermögenswerte [...] bewerten* (S.8).

Es lässt sich zusammenfassen, dass die zuvor aufgezeigten Anwendungsbereiche vor allem auf die Eigenschaften der zugrunde liegenden Blockchain-Technologie fußen, welche durch Kryptowährungen in Form von Coins oder Token in eine alternative Währung überführt werden. Der inkrementelle Wert von Kryptowährungen gegenüber bestehenden Lösungen zeichnet sich insbesondere durch a) die **Dezentralisierung** (i.S.d. Eliminierung der Drittpartei), b) **Automatisierung** und c) **Transparenz** aus. Nichtsdestotrotz lässt sich festhalten, dass der Reifegrad der Anwendungsbereiche (ausgenommen der Nutzung als Anlageklasse) derzeit noch sehr gering ausfällt (Albayati et al., 2020) und die Machbarkeit einzelner Anwendungen insbesondere durch technische Schwierigkeiten und drohender Regulierungen fraglich bleibt. Ob Kryptowährungen eine breite Marktdurchdringung erfahren können, kann daher insbesondere von der Akzeptanz in die Technologie abhängig gemacht werden.

4.3 Akzeptanz von Kryptowährungen

Im Folgenden wird daher die Akzeptanz von Kryptowährungen anhand des Technology Acceptance Models (TAM) nach Davis (1986) betrachtet. Ziel ist es ausschlaggebende Variablen für die Marktadaptation zu untersuchen, um so das zukünftige Marktpotenzial von Kryptowährungen besser abschätzen zu können. Es wird darauf hingewiesen, dass eine isolierte Betrachtung der Akzeptanz von den zuvor dargelegten Anwendungsbereichen von Kryptowährungen als wünschenswert zu erachtet wäre. Aufgrund des Umfangs dieser Arbeit wird jedoch lediglich der zentrale Anwendungsbereich von Kryptowährungen (als Transaktionswährung) nachfolgend betrachtet.

Aufbauend auf der Theorie des überlegten Handelns geht das TAM-Modell davon aus, dass die Verhaltensabsicht einer Person die tatsächliche Nutzung einer Technologie vorhersagen kann (Davis, 1989). Studien belegen dabei hohen Korrelationen zwischen der Verhaltensabsicht und dem tatsächlichen Verhalten von Nutzern (King & He, 2006). Andererseits wird in der Literatur gleichermaßen das Phänomen der Diskrepanzen zwischen Einstellung und Verhalten (bekannt als Attitude-Behavior-Gap) angeführt (Glasman & Albarracín, 2006). King und He (2006) weisen in ihrer Meta-Analyse jedoch darauf hin, dass sich das TAM als robustes und bewährtes Modell zur Vorhersage der Akzeptanz neuer Technologien erwiesen hat.

Zur Erklärung einer Technologieakzeptanz führt Davis (1986) in seinem Modell zwei Hauptfaktoren an, den a) **wahrgenommene Nutzen** und die vom Nutzer empfundene b) **Einfachheit der Nutzung** gegenüber der Technologie (Davis, 1989). Je größer der Nutzen einer Technologie und je einfacher diese benutzt werden kann, desto höher ist auch die erwartete Adaptationswahrscheinlichkeit (Jockisch, 2010). Nach dem TAM wirken sich beide Variablen positiv über die Nutzungseinstellung und -intention auf das Nutzungsverhalten aus. Die Beziehungskette ist in Abbildung 3 abgebildet. Es ist anzumerken, dass das Model im Laufe der Jahre ebenfalls Modifikationen erhalten hat (z.B. TAM2), dessen Betrachtung jedoch den Rahmen dieser Arbeit übersteigen würde. Für die Betrachtung der Akzeptanz von Kryptowährungen werden daher die aus den TAM beschriebenen Variablen übernommen und nachfolgend einer Literaturrecherche unterzogen.

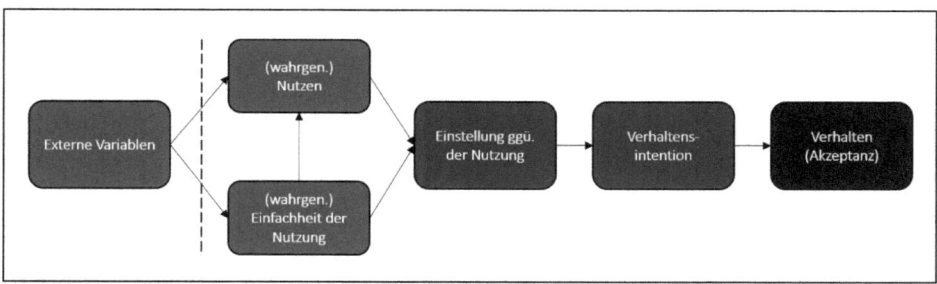

Abbildung 3: Technology Acceptance Modell angelehnt an Davis & Warshaw (1989)

(Quelle: Davis & Warshaw (1989): User Acceptance of Computer Technology, in: Management Science, Jg.35, 1989, Nr. 8, S. 982-1003; hier S. 985ff.)

Wahrgenommener Nutzen

Nach Grover et al. (2019) lassen sich folgende Evidenznutzen von Kryptowährungen identifizieren, welche Konsumenten mit der Technologie in Verbinden bringen: a) Reduktion von

Transaktionskosten b) Sicherheit und Schnelligkeit von Transaktionen und c) Privatsphäre, Vertrauen und Transparenz. Die Autoren weisen außerdem darauf hin, dass die positiven Aspekte von den Nutzern deutlich stärker wahrgenommen werden als die negativen. Grover et al. (2019) schließen daher darauf, dass *„[...] Nutzer offen sind Blockchain-Technologie für digitale Transaktionen zu akzeptieren"* (S. 25). Dabei ist jedoch kritisch anzuführen, dass die Ergebnisse auf Social Media-Analysen fußen, bei denen vorhandene Beiträge auf Twitter ausgewertet wurden. Es ist daher denkbar, dass es sich bei den Erstellern dieser Beiträge überwiegend um Erstanwender (Early-Adopter) und Enthusiasten der Blockchain-Technologie handelt (Gartner, 2021), dessen Wahrnehmung nicht repräsentativ für eine breite Masse zu sehen ist. Hierfür sprechen auch Befunde, nachdem das Vertrauen in Kryptowährungen gerade durch das Fehlen von Institutionen mit starken Markennamen auf Seiten der Anwender fehlt (Mendoza-Tello et al., 2018).

Um zukünftig auch eine kritische Masse an Nutzern erreichen zu können, bedarf es daher vor allem der Wahrnehmung einer positiven Reputation von Kryptowährungen in der breiten Masse. Qadir & Ahmad (2021) weisen jedoch auf den Reputationsschaden durch vergangene Betrügerei hin, etwa mit der erfundenen Kryptwährung *OneCoin*. Insofern sehen Gurcuc & Kottenbelt (2018) eine Regulierung des Krypto-Marktes als einzige Lösung, um solche negativen Effekte auf das Vertrauen in den Krypto-Markt abwenden zu können. Dabei kann eine staatliche Regulierung des Krypto-Sektors sowohl positive als auch negative Auswirkungen auf den wahrgenommenen Nutzen haben. Auf der einen Seiten birgt ein unregulierter Markt die Gefahr der Preismanipulation, was zu hoher Volatilität führen kann. Auf der anderen Seiten wird das Fehlen von staatlicher Kontrolle als Evidenznutzen von Kryptowährungen gesehen (Schaupp & Festa, 2018). Ein Dilemma, welches sich nicht alleinig aus dem Markt selbst lösen lässt. Insofern können die Nuancen zukünftiger staatlicher Regulierungen als ausschlaggebender Faktor für den wahrgenommenen Nutzen und die zukünftige Attraktivität des Krypto-Marktes gesehen werden.

Einfachheit der Nutzung

Hinsichtlich der zweiten Variable werden die Usability Kriterien nach Davis (1989) übernommen, um die Gebrauchstauglichkeit von Kryptowährungen einzuschätzen.

Hinsichtlich der **Benutzerfreundlichkeit**, **Erlernbarkeit der Bedienung** und **erforderlichen mentalen Anstrengung** von Kryptowährungen führen Gurguc & Williams (2018) auf, dass das Nutzen von Wallets und Krypto-Börsen ein hohes Maß an technischen Verständnis bedarf, wie etwa Verschlüsselung mit öffentlichen und privaten Keys. Um die Adaptation von

Kryptowährungen auch auf technisch unversierte Kundengruppen ausweiten zu können, bedarf es daher einer Weiterentwicklung in der Nutzerfreundlichkeit von Systemen.

Auch bei der **Fehleranfälligkeit**, **Kontrollierbarkeit** und dem Auftreten **unerwarteten Verhaltens** der Technologie lässt sich ein Verbesserungsbedarf zur Nutzeradaptation identifizieren. So weisen etwa zahlreiche Zwischenfälle auf Schwachstellen bei der Nutzung von Kryptowährungen hin (Ghosh et al., 2020), wie etwa horrende Kosten von Fehlprogrammierten Smart Contracts (Echo, 2020). Durch die Dezentralität der Währung gibt es außerdem keine zentrale Anlaufstelle, die im Falle eines Fehlers zur Lösung eines Problems konsultiert werden kann. Hieraus können fatale Fehler entstehen (vgl. Norman, 2013), wie etwa der Verlust der Zugangsdaten, welcher zu der Enteignung eines Nutzers führen kann. Auch hier lässt sich daher ein Dilemma identifizieren, denn während die Dezentralität als ein Hauptattribut der Anwendungsfälle von Kryptowährungen gilt (Vgl. Kapitel 4.2), führt dieser gleichermaßen zu einer Verschlechterung des Nutzungserlebnisses. Andererseits ist zu bedenken, dass es bei neuartigen Technologien üblicherweise zu Fehler kommt, welche im Laufe der Zeit reduziert werden.

Betrachtet man Kryptowährungen anhand des TAM-Modells fällt also auf, dass sich die Technologie derzeit eher der frühen Anwendungsphase zuordnen lässt. Early-Adopter scheinen dabei den Evidenznutzen von Krypto-Transaktionen durchaus wahrzunehmen. Zum derzeitigen Zeitpunkt bleibt jedoch offen, ob die Diffusion auch bei einer breiten Masse ankommt, oder lediglich ein Nischenprodukt für technisch versierte Nutzer bleibt. Mithilfe des TAM-Modells war es möglich zu identifizieren, dass es hierfür vor allem einer leichteren und fehlerfreien Bedienung bedarf. Außerdem stellt das fehlende Vertrauen in die Technologie eine weitere Herausforderung dar. Die Bildung starker Marken kann daher als Erfolgsfaktor für den Krypto-Sektor gesehen werden, was an der Risikoreduktions- und Vertrauensfunktion von Marken liegt (Esch, 2019). Insofern ist es nicht verwunderlich, dass bestehende Unternehmen mit großer Bekanntheit wie Facebook, Paypal oder Mastercard in den Markt einsteigen. Die Ergebnisse der Analyse weisen darauf hin, dass solche Unternehmen mit ihrem starken Markenimage durchaus zu einem Marktdurchbruch von Kryptowährungen beitragen könnten. Fraglich bleibt dabei jedoch, inwiefern die gewünscht Dezentralität von Krypto-Netzwerken in einem solchen Szenario erhalten bleibt.

5 Fazit

Wie es bei der Einführung von disruptiven Technologien üblich ist, kommt es auch bei der Betrachtung von Kryptowährung und dessen Marktpotenzial zu erhöhten Erwartungen oder gar Betrugsfällen. In dieser Arbeit wurde herausgearbeitet, dass es bei der Einschätzung des Marktpotenzials der disruptiven Technologie notwendig ist einen differenzierten Blick auf die zugrundeliegenden technischen Einzelheiten von Kryptowährungen zu werfen. Durch die Kombination einzelner technischer Aspekte der Blockchain-Technologie können sehr heterogene Anwendungsfelder bei Kryptowährungen entstehen, die sich teilweise signifikant im Spezialisierungsgrad unterscheiden.

Bei der Betrachtung des Marktpotenzials lässt sich festhalten, dass aufgrund des geringen Reifegrades am Markt eine klassische Einschätzung von Kryptowährungen mittels Marktpotenzialformel unzureichend erscheint. Aufschlussreicher für die Beurteilung des zukünftigen Marktpotenzials erwies sich die Darstellung von Anwendungsbereichen und die Betrachtung der Marktadaptation anhand des TAM-Modells. Dabei wurde festgestellt, dass Kryptowährungen als Transaktionswährungen im derzeitigen Zustand erhebliche Nutzungs- und Usability-Hürden überwinden muss, um eine breite Marktdurchdringung realisieren zu können. Schwierig erweisen sich in dem Kontext vor allem zwei identifizierte Dilemmata. 1) Um Vertrauen und Stabilität in den Krypto-Markt zu bringen bedarf es einer vorteilhaften staatliche Regulierung, welche jedoch gleichermaßen die Anonymität des Marktes erhält. Aufgrund eines drohenden staatlichen Kontrollverlustes bei Kryptowährungen lässt sich eine liberale Regulierung jedoch als unwahrscheinlich einstufen. 2) Außerdem kann das derzeitige geringe Vertrauen der Nutzer in die Technologie als unvorteilhaft gesehen werden, da dies die Gefahr birgt, dass etablierte Unternehmen ihr Markenimage nutzen, um das entstehende Vacuum auszufüllen. Dies stünde im starken Kontrast zur Grundideologie von Kryptowährungen, dessen Wert sich gerade aus der Stärkung der Netzwerkteilnehmer durch die Eliminierung von Intermediären ergibt.

Literaturverzeichnis

Albayati, H., Kim, S. K. & Rho, J. J. (2020). Accepting financial transactions using blockchain technology and cryptocurrency: A customer perspective approach. *Technology in Society, 62*, 101320. https://doi.org/10.1016/j.techsoc.2020.101320

Berentsen, A. & Schar, F. (2018). A Short Introduction to the World of Cryptocurrencies. *Review, 100*(1), 1–19. https://doi.org/10.20955/r.2018.1-16

Bitcointreasuries. (22. Februar 2021). *Bitcoin Treasuries in Publicly Traded and Private Companies - List of large holders.* https://bitcointreasuries.org/

Blockchainwelt. (2019). *Unterschied zwischen Token und Coin.* https://blockchainwelt.de/token-coin-unterschied/

Bolt, W. & van Oordt, M. (2020). On the Value of Virtual Currencies. *Journal of Money, Credit and Banking, 52*(4), 835–862. https://doi.org/10.1111/jmcb.12619

Bonset, S. (24. Februar 2021). Decentralized Finance: Das steckt hinter dem Defi-Hype und so profitierst du. *t3n Magazin.* https://t3n.de/news/defi-erklaert-das-steckt-hinter-decentralized-finance-1356901/?utm_source=rss&utm_medium=feed&utm_campaign=t3n%20news

Chen, Y. & Bellavitis, C. (2020). Blockchain disruption and decentralized finance: The rise of decentralized business models. *Journal of Business Venturing Insights, 13*, e00151. https://doi.org/10.1016/j.jbvi.2019.e00151

CoinMarketCap. (2020). *Today's Cryptocurrency Prices by Market Cap.* https://coinmarketcap.com

CoinMarketCap. (21. Februar 2021). *Cryptocurrency Prices, Charts And Market Capitalizations | CoinMarketCap.* https://coinmarketcap.com/

Colon, F., Kim, C., Kim, H. & Kim, W. (2020). The effect of political and economic uncertainty on the cryptocurrency market. *Finance research letters*, 101621. https://doi.org/10.1016/j.frl.2020.101621

Cuccuru, P. (2017). Beyond bitcoin: an early overview on smart contracts. *International Journal of Law and Information Technology, 25*(3), 179–195. https://doi.org/10.1093/ijlit/eax003

Davis, F. D. (1989). Perceived Usefulness, Perceived Ease of Use, and User Acceptance of Information Technology. *MIS Quarterly, 13*(3), 319. https://doi.org/10.2307/249008

Echo, B. (10. November 2020). Fataler Tippfehler: Nutzer bezahlt 10.000 Dollar Gebühr für eine Krypto-Transaktion. *t3n Magazin.* https://t3n.de/news/fataler-tippfehler-nutzer-10000-1334556/

Esch, F.-R. (2019). *Handbuch Markenführung. Springer Reference Wirtschaft.* Springer. https://doi.org/10.1007/978-3-658-13342-9

finanzen.net. (21. Februar 2021). *Apple Aktie (865985,AAPL,US0378331005).* https://www.finanzen.net/aktien/apple-aktie

Ghosh, A., Gupta, S., Dua, A. & Kumar, N. (2020). Security of Cryptocurrencies in blockchain technology: State-of-art, challenges and future prospects. *Journal of Network and Computer Applications, 163*, 102635. https://doi.org/10.1016/j.jnca.2020.102635

Giudici, G., Milne, A. & Vinogradov, D. (2020). Cryptocurrencies: market analysis and perspectives. *Journal of Industrial and Business Economics, 47*(1), 1–18. https://doi.org/10.1007/s40812-019-00138-6

Glasman, L. R. & Albarracín, D. (2006). Forming attitudes that predict future behavior: a meta-analysis of the attitude-behavior relation. *Psychological bulletin, 132*(5), 778–822. https://doi.org/10.1037/0033-2909.132.5.778

Grover, P., Kar, A. K., Janssen, M. & Ilavarasan, P. V. (2019). Perceived usefulness, ease of use and user acceptance of blockchain technology for digital transactions – insights from user-generated content on Twitter. *Enterprise Information Systems*, *13*(6), 771–800. https://doi.org/10.1080/17517575.2019.1599446

Gurguc, Z. & Knottenbelt, W. (2018). *Cryptocurrencies: Overcoming Barriers to Trust and Adoption.* Imperial College London. https://www.imperial.ac.uk/media/imperial-college/research-centres-and-groups/ic3re/CRYPTOCURRENCIES--OVERCOMING-BARRIERS-TO-TRUST-AND-ADOPTION.pdf

Hahn, C. & Wons, A. (2018). *Initial Coin Offering (ICO): Unternehmensfinanzierung auf Basis der Blockchain-Technologie. essentials.* Springer Gabler. https://doi.org/10.1007/978-3-658-21787-7

Härdle, W. K., Harvey, C. R. & Reule, R. C. G. (2020). Understanding Cryptocurrencies *Journal of Financial Econometrics*, *18*(2), 181–208. https://doi.org/10.1093/jjfinec/nbz033

Hayes, A. S. (2017). Cryptocurrency value formation: An empirical study leading to a cost of production model for valuing bitcoin. *Telematics and Informatics*, *34*(7), 1308–1321. https://doi.org/10.1016/j.tele.2016.05.005

Investopedia. (25. Februar 2021). *Cryptokitties Are Still a Thing. Here's Why.* https://www.investopedia.com/news/cryptokitties-are-still-thing-heres-why/

Jockisch, M. (2010). Das Technologieakzeptanzmodell. In G. Bandow & H. H. Holzmüller (Hg.), *Gabler Research. "Das ist gar kein Modell!": Unterschiedliche Modelle und Modellierungen in Betriebswirtschaftslehre und Ingenieurwissenschaften* (1. Aufl., S. 233–254). Gabler. https://doi.org/10.1007/978-3-8349-8484-5_11

Kay, G. (24. Februar 2021). What you need to know about NFTs, the collectible digital tokens that are selling for millions online. *Business Insider India.* https://www.businessinsider.in/tech/news/what-you-need-to-know-about-nfts-the-collectible-digital-tokens-that-are-selling-for-up-to-millions-online/articleshow/81199814.cms

King, W. R. & He, J. (2006). A meta-analysis of the technology acceptance model. *Information & Management*, *43*(6), 740–755. https://doi.org/10.1016/j.im.2006.05.003

Klose, J. (2020). Negativzinsen, Überschussreserven und Tiering der EZB: Wie stark sind die Banken belastet? *Wirtschaftsdienst*, *100*(5), 374–379. https://doi.org/10.1007/s10273-020-2658-7

Kyriazis, N., Papadamou, S. & Corbet, S. (2020). A systematic review of the bubble dynamics of cryptocurrency prices. *Research in International Business and Finance*, *54*, 101254. https://doi.org/10.1016/j.ribaf.2020.101254

Mendoza-Tello, J. C., Mora, H., Pujol-Lopez, F. A. & Lytras, M. D. (2018). Social Commerce as a Driver to Enhance Trust and Intention to Use Cryptocurrencies for Electronic Payments. *IEEE Access*, *6*, 50737–50751. https://doi.org/10.1109/ACCESS.2018.2869359

Mnif, E., Jarboui, A. & Mouakhar, K. (2020). How the cryptocurrency market has performed during COVID 19? A multifractal analysis. *Finance research letters*, *36*, 101647. https://doi.org/10.1016/j.frl.2020.101647

Nakamoto, S. 2008. *"Bitcoin: A Peer-to-Peer Electronic Cash System."* Available at https://bitcoin.org/bitcoin.pdf (accessed 15 November 2020).

Phillips, R. C. & Gorse, D. (2018). Predicting cryptocurrency price bubbles using social media data and epidemic modelling. In *2017 SSCI proceedings: 2017 IEEE SSCI, Honolulu, Hawaii, UA* (S. 1–7). IEEE. https://doi.org/10.1109/SSCI.2017.8280809

Phiromswad, P., Chatjuthamard, P., Treepongkaruna, S. & Srivannaboon, S. (2021). Jumps and Cojumps analyses of major and minor cryptocurrencies. *PloS one*, *16*(2), e0245744. https://doi.org/10.1371/journal.pone.0245744

Prinz, E. (2020). *Klassifizierung von Kryptowährungen (digitalen Token).* https://www.bitfantastic.com/klassifizierung-von-kryptowaehrungen-digitalen-token/

Reisinger, S., Gattringer, R. & Strehl, F. (2013). *Strategisches Management: Grundlagen für Studium und Praxis. Always learning.* Pearson Higher Education. http://lib.myilibrary.com/detail.asp?id=651001

Schaupp, L. C. & Festa, M. (2018). Cryptocurrency adoption and the road to regulation. In A. Zuiderwijk & C. C. Hinnant (Hg.), *The Proceedings of the 19th Annual International Conference on Digital Government Research: Governance in the data age : May 30 – June 1, 2018 : Delft University of Technology, The Netherlands* (S. 1–9). Association for Computing Machinery. https://doi.org/10.1145/3209281.3209336

tagesschau (8. Februar 2021). Kryptowährung auf Rekordhoch: Tesla investiert in den Bitcoin. *tagesschau.de.* https://www.tagesschau.de/wirtschaft/finanzen/bitcoin-kryptowaehrungen-tesla-musk-101.html

Taskinsoy, J. (2019). Facebook's Project Libra: Will Libra Sputter Out or Spur Central Banks to Introduce Their Own Unique Cryptocurrency Projects? *SSRN Electronic Journal.* Vorab-Onlinepublikation. https://doi.org/10.2139/ssrn.3423453

World Payments Report. (2020). *Non-cash payments volume.* Capgemini. https://worldpaymentsreport.com/non-cash-payments-volume-3/#non-cash-transactions-2019-2023f

Wu, K., Wheatley, S. & Sornette, D. (2018). Classification of cryptocurrency coins and tokens by the dynamics of their market capitalizations. *Royal Society open science, 5*(9), 180381. https://doi.org/10.1098/rsos.180381

Zīle, K. & Strazdiņa, R. (2018). Blockchain Use Cases and Their Feasibility. *Applied Computer Systems, 23*(1), 12–20. https://doi.org/10.2478/acss-2018-0002